Les Symboles

ŒUVRES PUBLIÉES

de M. Étienne BELLOT

Les Esclaves du Capital, brochure.	(épuisée)
Les Poètes de demain	3 fr. 50
La Vérité, pamphlets	(épuisé)
Les Crispées, poèmes.	3 fr. 50
Introduction à l'Histoire du Socialisme. . .	3 fr. 50
Poètes Socialistes.	3 fr. 50
Les Envols, poésies	3 fr. 50
La Littérature Sociale, brochure.	1 fr.
Propos frondeurs, satires et pamphlets. . . .	3 fr. 50
Nos Grands Petits Hommes, un fort volume .	5 fr.
Les Convulsées, poésies, fables, chansons. . .	3 fr. 50
Nos Écrivains	3 fr. 50
Marseille politique, histoire	3 fr. 50
Les Chansonniers Socialistes, vol. cartonné. .	3 fr. 50
Jean Lombard (2e édition), brochure	1 fr.
Calvaire d'Amour, roman	3 fr. 50
Fleur de passion, roman	3 fr. 50
Les Chansons du Sang (chansons sociales). . .	3 fr. 50

THÉATRE

Vindex, drame socialiste, en vers, 5 actes, 8 tableaux.
Démasqué, comédie en vers, 3 actes et 5 tableaux.
Léontine, drame en vers, 2 actes et 3 tableaux.
Salut aux Phocéens, lever de rideau, en vers.
La Famille Lecornuflard, un acte, en prose.

Pour paraître prochainement :

Leur Justice ! critique des lois judiciaires, un volume.
L'Art social, un volume.

SYNTHÈSE D'ART SOCIAL

Les SYMBOLES

PAR

Etienne BELLOT

PARIS

A. MICHALON

ÉDITEUR

26, RUE MONSIEUR-LE-PRINCE, 26

1908

LES SYMBOLES

Généralités.

Les symboles furent toujours, en leurs faux décors, les paratonnerres détournant de la tête des charlatans les foudres de la logique. En notre siècle de science, ils sont encore des mannequins serviles, multicolores, que chacun habille à sa façon pour les rendre méconnaissables. Ils continuent à griser la foule de mots vides de sens, de formules bizarres, sans significations exactes, mais avec cette circonstance inquisitoriale : qu'il est sacrilège ou criminel de les discuter.

La sentimentalité étant l'ennemie de l'action, comme la chimère est l'ennemie de la pensée, en supprimant les réalités tangibles, on échappe à la fois et à la précision et au redoutable examen.

D'un autre côté, la beauté étant variable au gré des conceptions d'une époque, en supprimant la terminologie claire, précise de l'art, on la rend vaine et par conséquent inutile. Le but de l'art religieux fut de propager la foi, d'anéantir les doctrines adverses, non de développer la perfectibilité humaine. Dès lors, grandirent les idées basées sur de vagues révélations, sur des données accidentelles, sur des dogmes pétrifiés, sur des déductions idéologiques.

L'imagination, par ses mirages, ses circonvolutions, allait toujours au delà de la réalité, et les théologiens en profitèrent pour établir les mystères. N'ayant d'autres fondements que la fantaisie, l'ignorance ou la routine d'un préjugé, ses élans furent pris pour des révélations, au lieu d'être considérés comme des émanations putrides de cerveaux malades.

Les païens avaient les oracles, les augures, les présages et les divinations ; les chrétiens émirent les miracles les sacrements et les reliques. Et l'humanité évolua au milieu de ces superstitions, de ces croyances absurdes et des ensanglantements qui en furent la suite nécessaire

Les religions ne furent donc que des obstructions, elles n'étaient pas seulement la science cachée (occulta), mais la science du caché (occultati), cachant précieusement ce qu'elles avaient découvert (occultano).

Les sentimentalités étant plus puissantes sur les foules que la logique, on évoqua les spectacles, les cérémonies religieuses, pour développer l'instinct de soumission. Dès lors, naquirent les dogmes pour dominer les masses en les enivrant du plaisir de rendre hommage aux puissances inconnues par les cultes et les esthétiques.

Pour les religions, Dieu était la lumière du corps social, la raison première et dernière des choses. Elles ne sortirent jamais de ce cercle vicieux, et devinrent les implacables ennemies de la science, qui, elle, était toute dans l'examen et la confrontation des faits, détruisant les erreurs, confirmant les découvertes. La science affirme encore, en effet, que voir les événements moindres qu'ils sont, c'est manquer de lumière, au même titre que les exagérer, c'est manquer de mesure ! Son rôle est donc d'assembler des unités, de créer, de désagréger, en son mouvement évolutif, pour aboutir à l'induction et à la synthèse.

En conséquence, il n'est nul besoin de sacrifier la réalité à l'apparence, ni d'admettre les choses qu'on ne peut démontrer, contrôler par le limpide raisonnement. La méthode suffit.

Effectivement, pourquoi chercher les sens imprécis, vagues,obscurs des choses,au lieu de la déduction palpable, basée sur les réalités acquises ? N'est-ce pas avec notre raison, notre jugement, que nous établissons les proportions, leur utilité, leurs particularités ? Dès lors, comment discerner la vérité de l'erreur, quand on affirme ce qui *n'est pas* pour nier sans raison ce *qui est ?* C'est là le cercle vicieux.

Pourquoi ne pas poser en principe la sincérité et la rectitude esthétiques, pour ne grossir un fait ni le diminuer, afin d'en fixer utilement l'harmonie et d'en donner la mesure ? Pourquoi fausser l'esprit, faire dévier la logique par des métaphores, des antithèses et des bizarreries qui jettent la confusion dans les cerveaux ? Pourquoi éblouir avec des proverbes, des maximes illogiques ou abêtissantes, pour empêcher l'individu de participer à l'unisson de la vie commune sous la puissance infinie de l'art ?

Avec cette donnée arbitraire, dès le jeune âge, on embrouille la cervelle de l'enfant d'une foule de fables, de contes de fées, de légendes qu'il ne comprend pas. Son intelligence est asservie, atrophiée, dominée pour toujours : elle reçoit des impressions qui prendront racine, et dont l'enfant ne se défend plus jamais, quelle que soit sa volonté ! on lui a fait apprendre le mot avant de définir la chose, et l'on donne la préférence au subjectif sur l'objectif. Il faut libérer, non dominer les consciences.

D'un autre côté, si l'enfant arrive à comprendre les récits qu'on lui soumet, il perçoit qu'ils sont imaginaires, sans rapports avec la réalité, et que l'auteur les a embellis par caprice, tout simplement pour donner corps à sa fiction.

Le cas contraire, il sera dans la vie, un superstitieux, un de ceux qui croient à la puissance des miracles, aux terreurs de l'*enfer*, à l'*ogre* et au *Petit Poucet*. Le genre abstrait aura toute sa sympathie, pendant que la vérité, le solide, le concret, seront honorés de son indifférence.

Ces dispositions nuisibles auront plus tard pris place dans sa cérébralité et engendreront ses actes futurs. Il traînera toute sa vie le lourd boulet de la métaphysique, et il ne saura que *croire* et *obéir*, sans chercher à *comprendre* et à *connaître*.

On ne lui a pas dit : « Pense, aime, observe, agis » mais seulement : Crois sur parole ceux qui sèment les impossibilités, les mystères, les symboles, pour troubler l'entendement des foules ignorantes.

L'Etat, la religion, la famille, l'école, lui prêcheront avec un touchant accord, en faveur de *sainte habitude*, laquelle dispense de penser et d'agir, en vertu du principe théologique : qu'il est plus facile de conduire un troupeau docile que des hommes libres.

C'est en souvenir de ce principe que les alchimistes du moyen âge s'entouraient d'une grande mise en scène pour donner plus d'importance à leurs travaux. Ils cherchaient à frapper les esprits par des apparences qui troublaient la raison des ignorants. Les alchimistes se disaient voués à la science hermétique, cherchant la pierre philosophale sous la direction des esprits ténébreux.

On les appelait *nécromans*, et ils se vêtissaient d'une longue robe de velours noir, cherchant à se faire passer pour des suppôts de Satan ou d'un démon particulier. Ils se faisaient aussi dénuder le front par des pâtes épilatoires, afin de faire entendre qu'ils avaient vieilli dans les études et les recherches.

Les esprits les plus forts de l'époque ne franchissaient ces laboratoires qu'en tremblant, ce qui n'empêchait pas cependant les grandes dames de la noblesse de pénétrer dans *l'antre de l'enfer* pour y exercer des vengeances à l'encontre des rivales ou bien pour y aller chercher des *philtres* qui devaient les faire adorer de leurs amants. Ces mensonges, lesquels se payaient très cher, avaient d'autant plus de force qu'ils étaient basés sur les craintes populaires. Les parades, les mystères, émerveillent toujours les ignorants et surtout les cerveaux faibles, qui en espèrent soit de précieuses grâces, soit de fades épanouissements.

Ces *officines de l'enfer* eurent une grande influence sur l'esprit humain, car les alchimistes tenaient leurs laboratoires dans de vieilles tours, des endroits isolés, quelquefois répugnants, afin que le populaire, en voyant dans la nuit le reflet des fourneaux, n'hésitât pas à croire que là se trouvait quelque chose d'extraordinaire.

De nos jours encore, où l'instruction est plus démocratisée, où le livre explique et où la pensée poursuit les horizons sans bornes, il ne croit plus, le bon peuple, aux *sorcières chevauchant dans les airs sur un balai*, aux maléfices, aux jeteurs de sorts, mais il croit encore à Dieu, au Diable, à la Providence et en l'au delà. Ce sont ces croyances aveugles, illusoires, qui font la force des dogmes.

Les symboles sont donc un restant de vieilles idolâtries, et s'ils ont pu entraîner les masses crédules dans les superstitions, leur action cessera dès qu'on en aura compris le vide et l'inanité.

Un dogme n'existant pas sans discipline morale, on imposa la *hantise des esprits*, la *récompense des bons*, la *terrible punition des méchants*, puis on exploita les terreurs que peuvent produire la foudre, les éclairs et toutes les voies collectives de la nature. Ce fut plus habile que généreux.

Le cerveau humain étant l'œuvre graduelle du passé ancestral, il garde, logiquement, la trace des phases qu'il a traversées au cours des développements antérieurs. C'est ce que les spirites appellent la *préexistence*.

L'avenir se dressera sur les ruines amoncelées de tous les dogmes, par l'évaporation des symboles et les développements de l'altruisme.

∴

En principe, nous sommes contre les symboles, mais

nous ne sommes pas contre les harmonies imitatives ou figuratives. Loin de là, et nous comprenons les magies de la couleur, la beauté des images, pour exprimer des sensations, mais qui ne sont pas des symboles. Nous concevons fort bien qu'on emploie des figures, des ornements, pour donner des tournures à la phrase, mais nous n'admettons pas que ce soit au détriment de la vérité et de la clarté.

Les vérités représentatives sont des efforts de la concentration du talent et de ses effets constants en vue de la perfectibilité humaine. Elles sont les points initiaux de la vie.

Nous sommes loin de vouloir diminuer les attirances, les splendeurs, les sublimités, puisque nous déclarons que les tendances utilitaires ne doivent pas river au sol et empêcher la pensée de prendre son essor dans les espaces de la fantaisie.

Les lois de la pensée ne s'imposant pas, elles se forment naturellement dans le génie d'une langue, si elles répondent à un besoin, tels que l'ébranlement évolutif, les démonstrations expérimentales, le corps à donner aux créations réalisées. La pensée peut s'étendre au delà de la vérité visible, pour scruter l'horizon, mais elle ne peut se fixer sur une hypothèse pour en déduire des conséquences, comme on le ferait pour une vérité expérimentalement admise.

L'esprit se transforme graduellement, et le progrès n'est que l'accumulation des détails d'organisation et de structure réalisées sous les formes ou les faits successifs qui frappent nos existences.

Ainsi nous admettons l'image qui imite un bruit quelconque, comme la *foudre qui gronde*, le *flot qui clapote*, le *murmure des vagues*, les *bruissements du vent*, le *feu qui pétille*, le *cliquetis* des armes, les *glouglous* de la bouteille, qui sont des onomatopées imitant le bruit de la chose qu'ils représentent. Ce sont les éléments mêmes de notre langue.

Une ville géante assise sur le bord
Baignait dans l'eau ses pieds de pierre.

(Victor Hugo.)

Ma vie en longs soupirs s'enfuit à chaque haleine.

(Lamartine.)

Pousser des chants au ciel dans des taureaux d'airain.

(Rotrou.)

Fleuves, terres, noirs dieux des vengeances trop lentes.

(André Chénier.)

Nous admettons aussi l'harmonie figurative, celle qui exprime par des sons les choses non appréciables à l'oreille, comme l'*abattement*, l'*étendue*, la *volupté*, la *colère*, en un mot, les choses *claires*, *rayonnantes*, *brumeuses* ou *sombres*, parce que nous pensons qu'on peut embellir une pensée, un sentiment, mais qu'on ne peut décemment défigurer une vérité.

Heureux les tendres cœurs dont aucun MUR FACHEUX
N'arrête les soupirs et N'ENTRAVE *les feux.*

(Auguste Barbier.)

Les tièdes voluptés des nuits mélancoliques,
Triste lame d'argent du manteau de la nuit.

(Alfred de Musset.)

Dans les exagérations de mots et de phrases, on sent le jeu des sonorités s'alliant à la tristesse des accents et à l'ampleur de l'harmonie.

Les nuances savamment assorties produisent l'harmonie dans une toile ; de même, en musique, l'harmonie ressort de la combinaison savante des notes et des gammes. Mais tout cela n'implique ni le symbole, ni l'identité, ni la ressemblance, mais simplement la diversité des états combinés et des attributs différents.

Tombe le ciel sur moi, pourvu que je me venge.
(CORNEILLE.)

Le moment où je parle est déjà loin de moi.
(BOILEAU.)

Il est des expressions qui participent des deux, tels les éclairs, où la réalité ne peut imiter une lueur.

Pour qui tous ces serpents qui sifflent sur vos têtes ?
(RACINE.)

Et la foudre en grondant roule dans l'étendue.
(Alfred de VIGNY.)

La vue d'une mer vaste, d'une forêt immense, d'un désert sans bornes, l'aspect de la profondeur dans les abîmes, agrandissent l'âme et lui inspirent l'audace. L'enthousiasme qu'on recueille dans ces panoramas de visions féconde les idées, ils sont les aliments du génie ; ce ne sont pas des symboles, ce sont des figurations.

De même que la nature nous paraît gaie ou triste, selon que nous sommes l'un ou l'autre, de même dans cette comparaison nous puisons la grandeur de la matière et constatons la petitesse des choses humaines. Peut-on voir en effet, sans une forte émotion, les splendeurs de la nature, réconfortant le cœur et fortifiant la raison ?

Nous ne le pensons pas.

Nous appelons donc l'image dans les choses courantes de la vie, le vol hardi de l'imagination, les concevant comme un enjolivement qui a son charme s'il n'est pas nuisible à l'expression de la vérité.

Un poète sentimental peut avoir un cœur large et des accents fiers et énergiques, un penseur peut se perdre un instant dans les sommets du sublime, mais le mystique est un halluciné qui entend dans l'espace des sons qui n'existent pas et voit des tableaux qui ne sont ailleurs que dans son imagination torturée.

Un seul rayon d'intelligence dans un esprit cultivé est plus brillant que tous les symboles réunis. L'esprit peut embrasser à la fois l'ensemble de la nature, parcourir l'espace sans fin dans une pensée, sans pour cela se confier aux fantômes que créent les idolâtres.

L'imagination est le principe de concevoir les choses d'une manière figurée, et, selon l'éducation, on est réaliste ou mystique. Et la vérité ne s'invente pas, ne s'imagine pas, on la découvre sur le chemin de l'expérience collective, chemin composé des ronces de toutes les affinités, de tous les désirs et de tous les rêves.

∴

Le peuple, jusqu'ici, n'a eu qu'une seule et remarquable vertu : la résignation.

Pris entre les dents d'acier des deux extrêmes aux dispositions insolubles — les croyants et les sceptiques — il fut toujours la proie visée des uns et la horde raillée des autres.

Dans l'Antiquité il s'inclinait respectueusement devant un bloc de pierre ou de bois ; et le symbole de la croyance était le bandeau qui lui cachait son droit à la vie et à la liberté.

Au Moyen âge, il faisait des prières, des signes de croix, des prosternements : et les fictions religieuses étaient les nuages qui cachaient son avenir de justice et de fraternité.

A la Renaissance, il assistait, impassible, aux bûchers qui brûlaient les penseurs, moyen religieux, paraît-il, de lui inculquer les vérités théologiques.

A la Réforme, les symboles furent encore les pavots qui endormirent son élastique conscience.

A la Révolution française, il éprouva le besoin de dresser un temple à la Raison et d'en faire une *déesse*, au lieu d'un principe moral, ce qui lui valut de s'endormir sur l'oreiller de la bêtise, où ne tarda pas à venir l'égorger le loup-cervier Bonaparte.

Enfin, il persiste, au xxe siècle, à s'éprendre de formules vides, d'arguments spéciaux, des ombres chinoises de la politique, des sophismes gradués de toutes les écoles, pour coudoyer dans une confraternité débonnaire la sottise des adulateurs.

Nous estimons qu'on peut féconder une idée, en dresser

l'architectonique, lui donner une tendance homogène, sans être obligé de se confier aux énervantes mélodies de l'illusion, qui ne sont que des bizarreries factices créées par notre orgueil, en mal de la recherche fébrile de l'inconnu. Nous concevons que les dépourvus, les ratés, aient besoin de cet excitant, bon pour les cerveaux faibles qui ne peuvent digérer les idées, mais nous affirmons que les mentalités robustes n'en ont pas besoin. Ces derniers n'en sont pas réduits à dramatiser des thèses morales ou à puiser des idées dans le vide ; les virils trouvent des aspirations et des caractères dans la vie, laquelle n'est pas constituée par la vraisemblance, mais par la réalité naturelle qu'elle observe.

Aux fantoches articulés, aux pommades artistiques, aux poupées des siroteurs de sentimentalités, nous préférons le véridique, où vibre l'humanité, tangible dans ses muscles frissonnants, dans ses carnations éblouissantes.

Les littératures et les arts n'ont été, jusqu'ici, que sous la férule des religions, lesquelles leur ont attaché les types abstraits, fuyants, extérieurs, des fétichismes et des mythes. Les générations classifiques, romantiques, décadentes, sous prétexte de style, n'aboutirent qu'aux emphases, aux contorsions, aux maniérismes. Le souci de l'exactitude, de l'observation physiologique, n'exista point pour elles ; et le réalisme sentit peser sur lui toutes les drôleries de l'idéalisme échevelé.

La méthode réaliste, — pour ces générations vaporeuses, — se trouva être « sans grandeur, pleine d'horreur et de matérialité ». Elle était aussi « les scories de l'extériorité ». C'était touchant. Par contre, l'inconcevable, le chimérique, l'incompréhensible, étaient la beauté pure, grandiose, la mère des bonnes pensées, la conseillère éloquente des belles actions ! Et les natures déréglées aimaient ces métaphores, ces fantômes du vide, qui les rapprochaient de leurs rêves maladifs. Elles oubliaient, ces générations caduques, qu'en ce cas un ivrogne, un aliéné, un hystérique, sont des *merveilleux,* puisque ces exacerbés décuplent, chacun à leur manière, leurs visions ou leurs désirs sous un jour plus que *nature !* Mais cela n'est pas de l'art, il faudrait le reconnaître.

Nous ne sommes donc ni avec les psychologues de la vision sombre, ni avec les myrmidons de l'idéal ; nous pensons que l'artiste doit être un foyer et non un rayonnement artificiel ; il doit être l'interprète exact des désirs, des opinions, des mouvements multiples du cœur humain

Il est vrai que les artistes, en général, furent un peu trop dédaignés par le peuple qui ne les aima jamais beaucoup. Aussi, devant ce dédain injustifié et devant la colossale exploitation du pauvre, ils eurent le tort de rester neutres, n'ayant comme nulle confiance en l'efficacité de ses efforts. Ils ne se reconnurent pas des devoirs, et ils continuèrent à faire de l'art pour l'art, sans se rendre compte du péril de cette stérilité.

Instinctivement, alors, le peuple s'éloigna d'eux, et considéra l'art comme une aristocratie menteuse qu'il aurait, tôt ou tard, le devoir de démolir.

L'antagonisme persista.

Mais aujourd'hui que tout le monde reconnait implicitement la nécessité de l'art social, par le développement que prennent tous les jours les musées publics, les livres à bon marché, les universités populaires, les groupes d'études sociales ne sent-on pas qu'à cette nouvelle expression des destinées humaines il va falloir une langue nouvelle, des mots nouveaux, à significations plus caractéristiques, plus en rapport avec le besoin des connaissances pratiques ? Ne peut-on affirmer que les mots abstraits, les symboles, sont condamnés sans retour et qu'on sera forcé de modifier la glose, de supprimer les formules surannées, tout comme jadis le Romantisme, et tout récemment, le Naturalisme supprimèrent les archaïsmes et les inconsistances ? Oui, n'est-ce pas, car le peuple, c'est visible, s'apprête à revendiquer ses droits à la vie intellectuelle.

Sous le Classicisme, même jusqu'en 1840, les mots expressifs étaient considérés comme des termes vulgaires et plats. On défendait à un poète, sous peine de faire preuve d'un goût peu délicat, de dire : une épée ; il lui fallait dire : *un glaive*. Pour cheval, il fallait dire : *intrépide coursier*. Le mot *ventre* était banni : il fallait dire pour l'exprimer : *sein, flanc* ou bien *tête*.

Les mots pompeux, les phrases à effets éclatants étant plus en rapport avec l'incohérence qu'avec la pensée saine, les poètes ayant perdu l'habitude de raisonner, leur esprit subissant la gangrène des abstractions, le détraquement cérébral s'étala dans toute sa hideur. C'était logique.

On se souvient de l'étonnement de Laharpe sur la *hardiesse* de Racine qui avait *osé* mettre dans ses vers les mots *cheveux* et *chiens*. Les échos en frémirent de douleur.

Les enfants d'Eole broyant les dons de Cérès, voulait dire: un moulin.

Un danseur était une *personne qui mettait des âmes à ses pieds.*

Un fauteuil était *un trône de la ruelle;* s'y asseoir, c'était: *y prendre figure.*

L'horreur du mot propre caractérisa les poètes du passé. Il eût été impossible d'être plus vague, plus artificiel que la phraséologie dont ils se servirent.

Pour désigner des épingles, Delille disait :

Les milliers de ces dards dont les pointes légères
Fixent le lin flottant sur le sein des bergères.

Pour désigner une araignée, Voiture disait :

Un insecte aux longs bras, de qui les doigts agiles
Tapissent les vieux murs de leurs toiles fragiles.

Voltaire, pour ne pas employer le mot *médicament*, a dit :

Ces végétaux puissants qu'en Perse on voit éclore,
Bienfaits nés dans les champs de l'astre qu'on adore.

Un veau était un *folâtre enfant.*

Un porc : *un épicurien qui se nourrit de glands.*

Saint-Armand, ayant à parler d'un éléphant, le décrit ainsi :

Le puissant animal, de qui l'insigne gloire
Ne gît pas seulement en ses armes d'ivoire,
Mais en sa trompe agile ou plutôt en sa main,
Et, plus encor que tout, en ce qu'il a d'humain.

Chateaubriand lui-même ne recula pas devant cette circonlocution pour désigner un tambour: *un cylindre creux revêtu d'une peau d'onagre*

Le clinquant et la périphrase ne pouvaient trouver de plus hautes expressions.

Cette mise en scène métaphorique fut prise au sérieux par les académies, et alors se consacrèrent les légendes, les traditions miraculeuses, fabuleuses, merveilleuses et féeriques, qui introduisirent dans les cerveaux les germes d'une puérilité persistante.

La philosophie scolastique, que Descartes détruisit par son *Discours sur la méthode* imaginait aux mots une qualité invisible ; il y avait des *formes essentielles* et des *espèces intentionnelles*.

En 1820, Alfred de Vigny donna au théâtre une traduction d'*Othello* de Shakespeare. Le public se montra résigné durant le premier acte, mais arrivé à la scène où le More, fou de jalousie, exige de Desdémone le mouchoir brodé qu'il lui a donné en gage d'amour, le mot mouchoir souleva un tel vacarme dans l'auditoire qu'on dût baisser le rideau et suspendre la représentation. L'auteur aurait dû dire : *un tissu blanc*.

Si la langue française doit continuer à être symbolique, nous n'avons qu'à puiser des mots dans les dialectes gaulois, langue initiale, avec des termes de terroir. Nous n'en serions plus à glaner, grappiller, mendier des étymologies aux langues voisines.

Depuis Rabelais, et même en remontant beaucoup plus haut, il est des pléiades qui ont produit des œuvres vivantes dans la Provence, la Bourgogne, la Normandie, la Champagne, le Languedoc, sans en excepter les argots parisiens et autres, qui ne manquent pas de pittoresque et résument souvent tout un coin d'humanité. Il suffirait d'établir une filiation à ces œuvres originelles pour en absorber la substance dans la philosophie de l'histoire.

Ainsi du XIIIe au XVe siècle, on disait : *paroir* pour paraître ; *doloir* pour plaindre ; *amortz*, pour amour ; *honor*, pour honorer ; *orgueillox* pour orgueilleux ; *destor* pour combat ; *désirox* pour désir. C'était un peu rude.

Pour vouloir corriger la langue, on a substitué partout des désinences voilées aux désinences claires, énergiques et retentissantes des ancêtres.

On supprima les mots naïfs et pittoresques, les mots ayant un caractère de race, pour les dénaturer ou les proscrire en faveur de termes inférieurs.

Notre langue s'est appauvrie volontairement et de gaîté de cœur, sous prétexte d'étymologie ou de pédantisme.

Ce travail de dégradation fut surtout l'ouvrage appréciable des académies.

Nous admettons l'oubli des mots devenus inutiles par suite de rénovations dans les sciences, ou d'usages transformés ; mais qu'on rejette les mots expressifs pour en prendre de pompeux, creux et insignifiants, voilà ce qui est absurde !

C'est cependant ce que fit le Romantisme, en exhaussant les hommes sur des piédestaux, en amplifiant les sujets, sous des exclamations, des narrations véhémentes et des apostrophes lyriques. La pensée, chez les Romantiques, fut simulée sous la violence des figures dans les mots, éblouissantes images, sans émotion personnelle, mais avec l'enthousiasme factice et une sensibilité artificielle.

L'influence des mots sur la pensée est parfois considérable, et chacun de nous ne voit que d'après le degré de perfection de son appareil sensitif et en raison de la composition et de la richesse de ses idées acquises. La pensée opère sur des idées et non sur des reflets inconsistants.

Pourquoi hériter de cet ensemble de mots et de consonances boursouflées au lieu de les répudier en faveur d'expressions plus vraies, plus en rapport avec les aspirations modernes?On pourrait trouver dans cette recherche des vocables, des traditions historiques,des sanglots de race qui donneraient à notre langue de la vigueur à l'encontre des orangeades académiques ou déliquescentes.

Tous ces dialectes peuvent se perdre! Pourquoi ne pas les adopter en les développant? Ce sont des documents probants qu'on peut utiliser pour rénover la langue, que les symboles ont amoindrie,et qui finit de se perdre dans les sentiers arides de l'académie et des cénacles.

Pourquoi prendre des textes et des expressions chez les voisins, alors qu'on peut avantageusement puiser dans son propre fonds? Il y a là un illogisme flagrant.

Les décadents, qui ne furent que la résurrection des *Précieux*, consacrèrent le droit de modifier la glose selon les besoins d'une époque. A notre tour, nous ne faillirons pas à cette belle mission, et puisque les mouvements humains ne sont alimentés que par des individualités, nous nous y consacrerons dans la mesure de nos forces.

∴

Nous ne voulons nullement supprimer les termes larges, les signes évocatifs des idées, mais nous protestons contre les abus qu'on en fait. Ces abus empêchent les masses de fortifier leur logique, de mûrir leurs facultés et de régler les analogies.

Dans ce labyrinthe de mots et de phrases contradictoires, ce qui est le plus surprenant, c'est de voir des athées, des matérialistes convaincus, glorifier les symboles, et notamment celui de l'*autorité*, le plus hideux, celui des représentations figurées et des idées infécondes !

Leur art, qui ne s'adresse cependant ni aux religieux, ni aux théosophes, garde le caractère extérieur, démonstratif, des cultes qui se meurent. Au lieu des nuages religieux, buées d'un monde chimérique, ils amoncellent les nuages artistiques, symboles obscurs, équivoques et dégradants. Ils arborent *religieusement* la symbolique églantine dans les manifestations ; ils acceptent les rites bizarres de la franc-maçonnerie, les cérémonies funèbres, les déroulements des drapeaux rouges ou noirs, et autres épiceries.

Donc ces athées, ces matérialistes, sont réacteurs sans le savoir et surtout sans le vouloir, car ils passent leur existence à railler, nier l'efficacité des dogmes, tout en en instaurant d'autres. Ils n'agissent pas, ils tournent dans le cercle vicieux, puisqu'ils imitent ce qu'ont fait les adversaires dans les profondeurs du passé. Ils crient contre les manifestations religieuses et ils font des processions laïques. Les idées, les mœurs, les aspirations s'étant modifiées, la tactique doit se modifier, et l'on demeure réactionnaire si l'on ne met sa tactique d'accord avec les événements qui s'accomplissent.

Pourquoi vivre l'œil fixé sur les choses mortes, au lieu de regarder l'avenir dans toute sa splendeur, son originalité, sa force progressive ?

Les symboles, nous le répétons, sont à la fois le *diviser pour régner* et le *perinde ac cadaver* de l'art en général. C'est l'indéterminisme religieux.

En glorifiant un homme ou un parti, rehausse-t-on une idée ?

Non, on l'amoindrit sûrement. La vérité, puissante par elle-même, n'a pas besoin de démonstration ; elle se manifeste dans ceux qui savent la chercher dans ses nuances, la saluer dans ses replis profonds. Le concept est au-dessus de la théorie, laquelle est, elle-même, au-dessus de l'action et du retentissement des idées. La vérité utile finit par s'imposer à tous, malgré les résistances qu'elle rencontre et les intérêts qu'elle froisse ; c'est l'affaire du temps.

L'autorité, symbole en vue de la croyance à l'action souveraine des pouvoirs établis, a étouffé les ardeurs de consciences, fatigué les cœurs et vicié les ressorts de l'organisme humain. Elle a infusé dans les masses une vie factice, artificielle, qui a déséquilibré la logique des événements et des idées en amenant d'amers désenchantements, des réflexions puériles, qui n'ont ni consolé, ni encouragé, mais troublé les cerveaux et terrifié les cœurs.

Les religions ont surtout beaucoup contribué à la diffusion de la croyance en l'autorité, en érigeant l'apathie intellectuelle et en poussant les esprits à la torpeur et au spiritualisme.

Les symboles, formulaires de la foi, dont ils furent les interprètes, devinrent la méthode pratique de l'asservissement intellectuel. Ils furent réglés par des conciles dans l'intérêt de la religion et modifiables selon les circonstances.

Basés sur l'irréel, sur tout ce qui échappe au regard, à la pensée, à l'analyse, les esprits faibles y crurent d'autant plus qu'ils ne les comprenaient pas. Leur incompréhensibilité était pour eux une preuve de la supériorité indiscutable des dogmes. Ils furent loin de penser que l'on n'impose les symboles que lorsque l'on ne peut logiquement fixer une idée ou la démontrer clairement.

Les artistes du Moyen âge étaient moins symboliques que les religieux, bien que ceux-ci durent déteindre sur ceux-là. Se conformant aux traditions pour leurs travaux d'églises, de temples, de palais, lorsqu'ils faisaient de l'art pur, ils mettaient en relief les choses humaines, les actes de la vie. Ils furent réalistes en dehors des religions.

Obligés d'imaginer, d'inventer des compositions effrayantes pour servir les ordres, ils épouvantèrent les peuples par des monstres, qui ne pouvaient sortir que de cerveaux absolument malades. Ils représentèrent des *Enfers* avec des cortèges de tortures et des *Paradis* avec des enchantements et des félicités captieuses. Ils contribuèrent puissamment, par leurs arts, à faire accepter aux peuples les pires tyrannies et à sanctionner par la terreur morale les choses les plus invraisemblables.

⁂

Les symboles nous viennent de l'antiquité païenne. Les Païens furent les créateurs des fictions et des croyances. Ne sachant comment expliquer les causes physiques, ils imaginèrent les dieux. Ils en avaient des milliers ; et les martyrs chrétiens furent de hardis révolutionnaires lorsqu'ils luttèrent contre les dieux du Paganisme.

De ce temps, les chrétiens mouraient pour la foi, qui était forcément sincère, comme toute croyance que l'on signe de son sang. Mais, de nos jours, tout en glissant sur la période de l'Inquisition et le pouvoir temporel des papes, les prêtres vivent de tout, jouissent de tout, font un commerce de tout et deviennent ouvertement les marchands du temple.

Donc, le Christianisme fit œuvre humanitaire à l'encontre des Païens, mais une fois victorieux, il changea le mobile de l'adoration sans en modifier les formes, et il institua la *divinité* d'un homme, la *béatitude*, la *prière*, etc. Ce fut la source de nouveaux symboles, aussi absurdes que ceux qu'il venait de renverser. L'adoration, c'est-à-dire l'asservissement moral au mystère, à l'inconnu, n'était que déplacée, mais nullement détruite.

Le premier acte du Christianisme fut d'appliquer le bâillon de la croyance et du mystère, au lieu de présenter la théosophie dans toute son intégrité. « Faites ce que je dis et ne faites point ce que je fais » nous dirent les évangiles, et ils partirent de là pour imposer la croyance aveugle. Et c'est pour exprimer leurs vues artificielles, pour les piédestaliser contre la raison et la science, que sont nés les symboles chrétiens, abstracteurs de rien et définisseurs de pas grand'chose.

∴

Il serait cependant injuste de ne pas reconnaître que l'épopée chrétienne, bien que dominée par la foi et attachée à l'idée religieuse, a beaucoup fait pour l'art. Les arts antiques durent leur développement à l'influence monastique, et beaucoup d'artistes se firent moines afin de cultiver les arts et les sciences. Les monastères, sous cette poussée, devinrent de véritables écoles réunissant des sculpteurs, peintres, musiciens, poètes et orfèvres.

Ce n'est qu'à la Renaissance que les arts plastiques, l'anatomie notamment, mettent un terme à la fantasmagorie religieuse. L'art exprime les aspirations mystiques, les simulacres de vie et de force, mais il ne néglige pas absolument la forme humaine agissante.

Il pose des règles d'art, établit l'architecture du corps humain, avec ses proportions, ses formes, ses mouvements.

L'architecture, avec l'art de la voûte, ouvre un nouvel et large horizon à l'activité artistique. La fantaisie prend son essor ; la flore, la faune, prennent le leur sous l'influence panthéistique de la philosophie.

Mais on ne représente pas encore une plante ou un animal avec ses formes réelles, on le tranforme au point d'aboutir aux conceptions bizarres, fantastiques.

On emprunte aux anciens, notamment à Pline, la description des peuplades imaginaires pour en adopter les types. L'art devient une puissance.

Rabelais, le formidable rieur de la Renaissance, amène le culte de la vraie science. Son œuvre puissante, originale, respire un vif amour de la justice, de l'humanité. Sous ses crudités de langage, il est d'une philosophie toujours supérieure.

Outre la diversion heureuse qu'il fit faire aux luttes religieuses de son temps, son œuvre fut salutaire et sociale. Les moutons de Panurge littéraires n'en virent que le côté bestial et, après lui, chantèrent les *beuveries* et les *goin-*

frades, sans voir la moralité qui se dressait sous l'ironie du profond écrivain.

Ils ne furent pas de taille à lutter contre les *moinards, frocards et autres tels*. L'art religieux persiste à dominer en présence de leur impuissance caractéristique.

L'art italien s'implante en France, on s'inspire de la *Divina comedia* pour développer les conceptions mystiques, les descriptions bizarres. Michel-Ange peint le *Jugement dernier* et sculpte le *Christ tenant sa croix*. Raphaël peint le *Mariage de la Vierge*, la *Sainte famille*, *Saint Michel terrassant le démon*, etc. On les copie, on les pastiche.

L'École française se forme, mais ne s'affirme pas encore. On décore avec une originalité remarquable les édifices religieux et les résidences royales, afin que le charme des couleurs et des compositions aide à l'ardeur de la foi.

Les philosophes et les Rabelaisiens essaient en vain de lutter contre l'envahissement religieux, et leurs clameurs sont sans influence.

L'inquisition se fait jour, ou plutôt reprend avec une nouvelle intensité. L'audace des philosophes, les désirs de vérité font trembler les croyants et leurs prêtres. On brûle les penseurs, les hérétiques ou ceux qui ont une *opinion erronée*. L'Église laisse entrevoir et démontre, par ses procédés, que, pour elle, la liberté consiste à réduire ses adversaires au silence ou à les supprimer. Elle voulait être seule, disait-elle aux masses, à *extirper les mauvais penchants dans le cœur des âmes perverses*.

On sait comment elle a réussi.

Nous terminerons ce chapitre, en disant que les symboles ne sont ni lumineux, ni instructifs ; qu'ils n'excitent l'enthousiasme que des maladifs, des épris du merveilleux, et ne sont possibles qu'aux faibles d'esprit dont l'inspiration céleste tient lieu de tout.

Les symboles ésotériques.

Ce qui frappe le plus dans les symboles religieux, c'est précisément l'identité que l'on y rencontre avec les vieilles doctrines ésotériques où toutes les figures hiératiques, de l'âge de pierre, du bronze et du fer, sont les aïeules des emblèmes de Zoroastre, de l'École d'Alexandrie et des multiples branches des gnosticismes ultérieurs. On peut donc, sans manquer de logique, supposer que la pureté primitive des *signes* fut altérée par la suite et revêtit le caractère de la superstition, chez les Manichéens, les Cophtes, les Templiers, les Esséniens, les Sérapiens, les Hiramistes de la Judée, et autres débris de différentes sectes qui se fondirent avec la franc-maçonnerie vers le XIIe siècle.

Et ce temps remonte aux âges du monde où l'humanité, plus rapprochée de son origine, professait la sincérité absolue. De cette époque datent les traditions que les générations successives ont transportées sur les divers points du globe, en les adaptant aux circonstances et aux milieux où elles vécurent.

Jusqu'à ce jour, cette opinion absolument improuvée demeurait spéculative, mais désormais, grâce aux savantes découvertes des archéologues et des paléontologistes, elle est entrée dans la voie positive du fait, confirmée par la science. Les premiers hommes connus de la préhistoire — leurs traces le prouvent — avaient une croyance, un culte représentés par des symboles qui comprenaient et la science de l'homme et la foi : sanctifier la science, scientifier la religion, tel paraît le but qu'ils se proposèrent.

C'est de la communion de ces dissidences que sortirent les symboles.

La science, avec les exhumations préhistoriques, la philosophie avec les fouilles ésotériques, finiront fatalement par se rencontrer et se souder intimement. Il nous serait facile d'apporter à l'appui de nos dires quelques arguments décisifs, communs à l'ésotérisme et à la préhistoire, et à l'aide desquels s'opérera le contact.

L'œuvre et les hommes de cette *mission* étaient prédits. Ils sont nés, ils naissent tous les jours.

Ceux qui sont morts dans la vie, qui ne regardent pas le monde avec les yeux de l'avenir, ne voient rien de ce qui arrive. Ils attendent béatement le salut, comme les anciens Hébreux espéraient le Messie, mais n'ont pas une pensée consolatrice pour les aèdes des temps nouveaux, les passionnés amants de la science, qui se lèvent résolus, sortant de l'ombre. Ces apôtres viennent éclairer le monde d'un jour nouveau ; ils montent vers la clarté dont brillera la future Jérusalem ; ils sont le verbe de l'avenir.

Sans nous attarder à d'autres considérations, que certains pourront relever et compléter, nous ne retiendrons de ces nombreux simulacres religieux que deux faits essentiels ; c'est qu'on ne trouve aucun symbole idolâtrique dès le début de l'humanité. La seule *révélation* des races primitives était l'histoire Messianique, qu'elles formulaient déjà par la *Croix*, symbole de l'humanité cru cifiée sur le globe coupé par l'équateur et la ligne des pôles.

L'association de la religion à la science était sûrement la base des plus antiques croyances, géométriquement formulées.

En effet, la mission de la créature n'était-elle pas de parcourir un cercle et de se retrouver un jour à son point de départ ? Dès lors, rien de plus naturel d'entrevoir déjà, au moment où le Cercle va se refermer en lui-même, la croyance mère où toutes ses filles sont en voie de s'unir pour redevenir Une.

Pour ne prendre un point de comparaison qu'aux gnostiques, d'où découlent, à peu près, les principales figures employées par l'occulte, nous rencontrons : le *Cercle*, le *Triangle*, la *Croix*. De ces trois formules combinées naissent les autres : elles sont fondamentales.

Eh bien ! nous nous étonnons de ne voir indiquées nulle part les sources initiales de cette écriture scientifico-religieuse. Cependant l'occasion serait belle à certains de prouver, des origines aux fins, que l'ésotérisme est le thalame où doivent se fondre en un seul tous les cultes de la palingénésie desquels devrait surgir le vrai culte, le culte de la science et de la lumière, selon la fatidique promesse. En un mot, ce leur serait l'occasion de synthétiser toutes les croyances, aujourd'hui que la préhistoire déchire les voiles des commencements.

Dans les temps les plus reculés qu'ait fouis la science, l'homme gravait déjà sur la pierre, le bronze ou le fer, l'écriture talismanique, et l'on trouve, aussi haut et aussi loin qu'on enfonce, le *Cercle*, le *Triangle*, la *Croix*.

Le *Cercle*, par sa structure supérieure, représentait l'Eternité, parce qu'il n'a ni commencement ni fin.

La théorie des *éons* sortant de *on*, paraît également avoir été traduite par les cercles concentriques rayonnant les uns au-dessus des autres, comme émanation du point ou du cercle central : le *on* créateur.

Autour du cercle central, les cercles en se développant jusqu'à sept — ainsi qu'on en rencontre assez — prouvent que la science des nombres et de leur valeur sacrée était familière à la prime humanité.

L'année sabbatique des juifs était septennale.

Jullien, dans un de ses discours, appelle le soleil : *le dieu aux sept rayons*.

Platon parle du banquet des sept sages.

Tout cela venait des anciennes traditions asiatiques.

Dans les livres sacrés indiens on lit que *sept* jeunes filles vierges célébrèrent la venue de *chrischna*, le dieu Indien.

Le *triangle*, simple figure du ternaire, établit la même croyance originelle en la trinité qu'ont conservés les divers cultes, en passant par la franc-maçonnerie jusqu'à la trilogie républicaine : *Liberté*, *Égalité*, *Fraternité*. Les plus fréquents exemples que nous offrent les récentes découvertes sont composés d'une ligne coupant obliquement une série de droites parallèles. Dans certains cas aussi, les droites parallèles sont verticales ou horizontales et alors coupées obliquement par les deux côtés supérieurs du triangle ; ou bien les droites horizontales, formant à elles seules le triangle, sont des espèces de pyramides où les côtés ne sont point tracés.

Au surplus le mystère se complique, en ce sens, qu'il faudrait pénétrer, avec des triangles embottés les uns dans les autres comme les chevrons militaires. Il existe encore des triangles en pointillé et des triangles associés formant l'étoile à sept rayons.

Mais ce qui est d'un grand poids dans le christianisme ésotérique, c'est la préexistence de la croix, non seulement au christianisme, mais encore aux mystères les plus anciens. Aux premières années de l'humanité, elle existe avec sa signification rédemptrice.

Employée fréquemment dans les sépultures primitives, comme elle l'est encore de nos jours, elle témoignait d'une croyance à la vie future et à un rachat.

D'aucuns, plus experts, retrouveraient, dans plusieurs des Croix préhistoriques portant au point d'intersection des cercles développés les uns sur les autres en forme de rosace, l'emblème de la *Rose-Croix*.

En supposant que les ésotéristes n'aient puisé leur opinion que chez les gnostiques, qui résumaient les connaissances religieuses de tous les peuples, il faut admettre qu'ils ont exécuté l'anatomie parfaite de la science sacrée de ces déjà lointains occultistes.

Pour atteindre cette conception élevée, au-dessus du vulgaire, les initiateurs de la nouvelle doctrine durent traverser toutes les phases du doute, avant de croire, et cela parce qu'ils ont remonté des effets à la cause au lieu de descendre de la cause aux effets. Pour l'adepte qui se livrait à l'étude du préhistorique, la voie à parcourir était plus brève et plus droite, et présentait moins de dangers, car l'adepte explorait tous les mythes et tous les systèmes religieux, en sondant leur vanité particulariste.

Parcourir la circonférence de l'esprit humain, remonter au Centre du Cercle en suivant tous les rayons qui y conduisent, voilà le résumé de la carrière et de l'œuvre admirable du Hiérophante. Malheureusement, les initiés résolurent le problème par *l'esprit inspiré* au lieu de le résoudre par la *matière testimoniale*.

Sans crainte d'errer et de perdre autrui, on peut déclarer que l'histoire de toutes les croyances est l'histoire d'une seule croyance.

Modifiée selon les temps et les milieux, elle a revêtu des aspects divers, mais le fond est universellement le même : une cause et des effets. En somme, dès le début, la foi avait exactement la même définition d'une loi physique dont la religion semblait la formule.

Tous les peuples, poussés par une inconsciente logique ou par une sensation supérieurement scientifique, ont révéré la cause première. Les nombreux symboles de toutes les religions ne furent d'abord que des sortes de théorèmes de la vérité positive, avant de devenir les fétiches d'une idolâtrie spéculative. Chaque culte cache donc, sous des apparences différentes, une unité absolue dont l'ignorance successive a fait autant de diversités contradictoires et ennemies.

Pour autrement dire, la signification a effacé la chose signifiée, l'axiome remplaçant l'esprit.

Et nous voyons le Christ reprocher justement aux rabbins, la servilité littérale des textes au lieu de l'observation spirituelle.

Toutes les mythologies qui se sont disputé la prééminence en se battant avec des mots qui signifiaient la même chose et auxquels on assignait un sens différent, expliquent l'étrange confusion, le chaos des croyances où aboutit l'ignorance ésotérique des symboles.

∴

Toutes les religions n'exprimèrent qu'une pensée commune. Le Paganisme romain, qui fut détrôné par le christianisme, cachait au fond de ses dogmes la même révélation qu'enseignait son compétiteur et vainqueur. Ésotériques au moment de la lutte, les païens capitulèrent devant la nouvelle divinité, la supposant supérieure à celle de leur foi. Ils avaient perdu la clef de l'énigme.

Au fond, les Anges, les Archanges, les Vertus, les Puissances, les Dominations, etc., etc., sous les ordres de Jéhovah, sont-ils autre chose, en effet, que les divinités de l'Olympe commandées par Jupiter? Les mots seuls ont fait des distinctions apparemment irréductibles où aucune confusion ne devait régner, paraissait ne pouvoir s'établir. »

Les différents peuples ont une religion extérieurement différente les uns des autres comme ils ont un langage au premier abord incompatible entre eux. Cependant les mêmes choses sont désignées par d'autres mots, sans que ces mêmes choses ne changent par la variété des désignations. Il en est de même des religions qui occultent une même divinité sous des dehors aussi divers qu'apparemment opposés.

En comparant un culte à un autre, on trouve, évidemment, les mêmes figures à peine modifiées par des expressions qui, le plus souvent, ne sont que l'altération successive les unes des autres. Après ce constat, rien de plus naturel que conclure à une seule croyance primitive.

Une preuve, qui rappelle presque la démonstration par l'absurde, se trouve chez les sauvages contemporains.

Par exemple, les Aléoutes de la côte nord-ouest de l'Amérique, dont les costumes, l'industrie, les cultes, la manière de vivre sont au même niveau des populations préhistoriques de l'âge du renne; ces malheureuses peuplades ont une croyance qui tient de la théorie évolutive, du système de Pythagore et des révélations spirites.

En admettant que l'humanité déchue a passé par toutes les phases telluriques, dont l'humanité est le summum matériel, il n'est pas d'une opinion dissemblable à celles des Aléoutes. C'est presque la pensée du Darwin sanctifié par la croyance à un principe conscient.

Les Aléoutes reconnaissent le Bien et le Mal. Dans leurs convictions, l'individu passe, après la mort, par une série d'existences où il se trouve en rapport avec des esprits de plus en plus rapprochés de la perfection, si la vie actuelle a été bien remplie. il suit, au contraire, une progression descendante et tombe dans des mondes de plus en plus imparfaits, s'il a commis des crimes et mal vécu.

Cette métempsychose renferme en elle-même l'évolution et l'involution occultistes. Elle suppose l'acheminement gendral de la matière cosmique à sa perfection ou de son retour en arrière, en cas de méfaits, d'où elle devra remonter jusqu'à sa sanctification.

Nous devons ajouter ce fait qui rapproche beaucoup

leurs croyances des credos des peuples préhistoriques : ils repoussent les idoles. La seule idolâtrie qu'on pourrait leur reprocher est le culte du soleil et de la lune qu'ils adorent, en se réunissant soir et matin, à son lever ou coucher, sur des éminences. Mais l'explication qu'ils donnent est une véritable révélation de l'Androgyne Édenal : ils disent que le Soleil et la Lune sont le frère et la sœur, représentant, la Lune, le principe mâle, le Soleil le principe femelle ! Avec cette prémisse ces malheureux devinrent incestueux à l'excès et furent séparés dans l'immensité où ils cherchent et aspirent à se rencontrer et à se rejoindre. N'est-ce pas là le duel sexuel de l'Androgyne à la recherche de son complémentaire ?

Dans leur ignorance philosophique, ces sauvages sont donc plus rapprochés de la vérité que les plus civilisées des nations, et l'Ésotérisme trouverait en leur opinion un puissant auxiliaire.

∴

Un mot sur les arguties sophistiques de la théosophie bouddhiste, s'impose ici.

La théorie bouddhiste émet la *sérénité souveraine*, *l'exquisivisme du néant*, *l'inconscience créatrice*, une sorte de matérialisme religieux.

Ses symboles sont nombreux et développés dans les livres de *Védas*, leur livre sacré.

Le plus ancien culte des Aryens, qui vient des temps védiques, a toujours été spiritualiste, ce qui établit dès l'abord une grande présomption en faveur du spiritualisme védique. Il serait curieux de savoir comment les néo-Bouddhistes justifieraient leurs prétentions si on leur opposait seulement cette contradiction.

Dans les *Rigvéda*, on trouve clairement exposée la doctrine spiritualiste, la croyance en une divinité créatrice : *Agni*. La mort, y est-il dit, est la séparation de l'*âme* avec le *corps*, celui-ci retourne dans le pan — l'*Atma*, c'est-à-dire dans les cinq éléments ; l'âme est accueillie par *Agni* qui lui forme un corps plus sublime.

Dans un hymne à *Agni*, le *Dieu* est invoqué sous le nom de Jâta-Védas, c'est-à-dire père des Védas. On le prie de traiter le mort avec grands égards, de l'entourer avec les *Pitris* (les anciens), de le laisser au *pouvoir des dieux*.

Jusque-là — si on pouvait prouver que *Agni* n'est pas un dieu réel et conscient, — la restitution physique du corps aux divers éléments, aurait toutes les apparences du matérialisme le plus absolu, le plus mathématique. Mais, écoutons la fin de l'hymne :

« Mais Jâta-Védas, il est de son être une partie immortelle qu'il faut échauffer de tes rayons, enflammer de tes feux. Transporte-le au sein des hommes pieux, fais-le redescendre ensuite parmi les pitris, qu'il vienne au milieu de nos invocations, qu'il prenne une dépouille mortelle, à Jâta-Védas, qu'il s'unisse à un corps. »

Ce paragraphe prouve non seulement la croyance des Védas au spiritualisme et à la divinité, mais à la réincarnation successive des âmes après un temps indéterminé d'épreuves. Nous en sommes sincèrement à nous demander comment concilier les traditions orientales avec les traditions occidentales et comment aussi les néo-bouddhistes ont dû jeter tant de confusion, parmi des choses aussi peu confuses.

En synthétisant toutes les émanations du védisme qui se sont érigées en systèmes spiritualistes, on peut largement affirmer que les dogmes assez flottants des Védas n'ont et n'avaient rien de si positivement matérialiste, puisque des sectes en sont sorties avec des spéculations spiritualistes.

A son début, le christianisme interdit à ses fidèles une foule d'arts et de métiers qui pouvaient entraîner des rapports avec l'idolâtrie. Ce ne fut qu'après son triomphe insolent qu'il institua des idoles, pour soumettre les peuples au joug de sa Croyance. Le christianisme fit pour l'Art ce qu'il fit pour la fraternité : après avoir clamé contre les riches, les puissants, les exploiteurs, les despotes, cette religion de sang devint la plus riche, la plus tyrannique, la moins fraternitaire de toutes.

∴

Dans l'antiquité il y avait la basse adoration pour les dieux et les héros. On adorait, en outre, les pierres, les arbres, les animaux, tout comme les enfants de nos jours adorent les poupées.

Les fables du paganisme en font foi !

Les *prières* remplissaient le temple des chrétiens et satisfaisaient les désirs des prêtres, en permettant aux faibles d'esprit de demander à un morceau de bois ou de plâtre, des faveurs et des consolations.

Le penseur, le poète, l'inventeur, s'isolaient moralement

du monde croyant, tout en y vivant, pour avoir la pensée claire. Leurs seuls symboles étaient, à travers les contes, les élégies, les détours agréables, de faire des allusions aux vérités philosophiques défendues.

Les travailleurs y étaient accablés, parce que l'épuisement de leur force physique fut la source de leurs faiblesses morales.

Les oisifs, se développant dans la vanité et les glorioles, prirent la manie des distinctions, des hiérarchies et des honneurs, qui devinrent le mobile de leurs actions, parce qu'ils n'avaient pas d'occupations matérielles.

Mais ce furent les légions romaines qui développèrent à l'excès le goût du panache. Tout ce qui brillait était destiné à orner la coiffure ou la poitrine des guerriers. Plus il était chamarré et pimpant, plus un guerrier était censé être grand, puissant et vaillant.

C'est donc des Romains de la décadence que nous viennent tous les préjugés de vanités qui font que, de nos jours encore, nous voyons des libres penseurs, des athées, des matérialistes, adorer des idoles en plâtre ou en bronze, qui n'ont pas même le mérite d'être des œuvres d'art !

Les patriarches, craignant que la parole humaine ne fût pas assez imposante pour assurer leur influence créèrent les oracles, fourberies par lesquelles ils se faisaient répondre aux questions qu'ils s'adressaient eux-mêmes.

Ces oracles étaient toujours rendus de manière à avoir raison quel que fût l'événement. Pyrrhus, ayant consulté l'oracle sur l'issue de la guerre qu'il allait entreprendre contre les Romains, en reçut cette réponse curieuse :

— Je te dis, fils d'Éaque, que tu peux vaincre les Romains ; je te dis, fils d'Éaque, que les Romains peuvent te vaincre.

On pouvait interpréter ces paroles dans un sens ou dans un autre, et, quel que fût l'événement, l'oracle n'avait jamais tort.

Les oracles créèrent le *polythéisme*.

Jupiter trônait dans l'Olympe, en le pur éther, tenant la foudre en ses mains redoutables pour en frapper les mortels qui méritaient son courroux.

Le *Soleil* était un char étincelant, qui roulait sur le monde, dans l'azur des cieux, conduit par *Phébus-Apollon*, le dieu qui présidait à la lumière.

Cérès avait le gouvernement des campagnes fertiles ; les moissons germaient et mûrissaient sous sa protection.

Neptune était le dispensateur des mers. D'autres dieux avaient des emplois secondaires.

Ce monde, dans la pensée polythéiste, dirigeait et faisait éclore tous les phénomènes terrestres.

La pourpre des empereurs, l'or des idoles, furent des nécessités symboliques, comme le fut plus tard le cérémonial dans les églises. C'est toujours la coutume de personnifier les idées abstraites, et il semble beaucoup en coûter à la pensée moderne de détruire pièce à pièce l'échafaudage de chimères que les symbolistes rêvent avec tant de bonheur.

Les architectes et les artistes du Moyen âge formèrent une vaste société d'art sous le nom de *Francs-Maçons*. Les membres de cette association, passionnés pour leur art, construisaient aussi bien une halle qu'une cathédrale.

Cette époque est liée à la décadence catholique, et l'art s'appliquait à la situation mentale du moment.

C'était là la cause des encouragements donnés à l'art de construire, des protections affectueuses accordées aux grands artistes, aux poètes et aux écrivains ; c'est l'origine des effusions, des pensions allouées, des familiarités des rois et des grands pour les arts. Cette époque fut surtout caractérisée par l'obscurité nuageuse, la variabilité, la contingence, qui donnèrent corps aux chimériques apparences, aux futilités pompeuses de la religion.

Les rois donnèrent des *lettres de noblesse* à des comédiens, dont plusieurs moururent en *état de sainteté*. Il est vrai que Molière n'eut pas cet honneur, et qu'il fut enterré la nuit, maudit par l'Église et les courtisans qui l'avaient encore applaudi la veille. A ce propos il est bon de remarquer que l'histoire enregistre notoirement ceux qui furent bafoués ou honnis de leurs contemporains, exactement comme dans le *Grand Siècle*, *Corneille*, *Molière*, *Lafontaine*, n'étaient considérés que comme des poètes médiocres, pendant que des charlatans dont les noms n'ont pas résisté à l'injure du temps tenaient officiellement les premiers rangs.

Mais revenons à notre sujet.

Des prêtres, des chanoines, des cardinaux, firent des tragédies et des comédies.

Mais lorsque l'Église vit que le public aimait nourrir son esprit dans les spectacles qui l'éloignaient un peu des chaires de la religion, elle honnit les comédiens et colora son œuvre de cette basse envie.

Au temps des croisades prendront naissance les armoiries, symboles de domination. Les boucliers, les cottes d'armes, les bannières en seront couvertes, et ce ne sera que lorsque la Féodalité sombrera sous le poids de son impuissance que l'alliance se fera plus étroite entre le prêtre et le noble pour exploiter le producteur. Puis, lorsque la noblesse et le clergé seront usés, apparaîtront les faiseurs de constitutions qui s'allieront avec le peuple pour faire raser la Bastille, mais avec les matériaux de laquelle ils en élèveront aussitôt un certain nombre d'autres sous le symbole des lois pour étouffer les idées émancipatrices.

Alors apparaîtra la politique, l'égalité dans la servitude, le désir de paraître ce qu'on n'est pas, l'illusion, la trahison, le mensonge partout pour étouffer les sentiments généreux.

Les hommes deviennent à la fois orgueilleux, rampants et croyants.

Les femmes pour briller et paraître plus jeunes se fardent. C'est le désir de la fausseté qui se continue avec une nouvelle intensité.

Conséquences logiques : on se complaît à tromper, à trahir, par intérêt ou par vanité. On trompe dans la vie privée, dans la vie publique et dans la vie morale. La sincérité n'est nulle part, et si elle apparaît chez quelqu'un, vite on écrase ce quelqu'un pour l'insulte grave que sa vertu peut faire à la mesquinerie de tous.

La fausse sensibilité aussi se fait jour avec les philanthropies, les bienfaiteurs, les protecteurs, les mêmes qui vont régulièrement pleurnicher dans les prisons, aux spectacles des malheurs et qui prennent la misère des autres pour un passe-temps, un drame de la vie réelle.

C'est encore le monde d'aujourd'hui.

La bourgeoisie, avide de plaisirs et de jouissances, envieuse de l'aristocratie, institua les *Grimaciers*, les *Gilles*, les *Pantalons*, les *Mizelins*, qui amusaient les soupers fins des *Muscadins*, des *Incroyables*, de la *Jeunesse dorée* et des *Merveilleuses*.

Tous ces plaisants, mystificateurs, farceurs ou bateleurs, étaient de nobles ivrognes ou paillards, de gros mangeurs, dont les réputations n'étaient enviables pour leurs admirateurs, que lorsqu'ils pouvaient, après le repas, manger un quartier de mouton ou avaler une fourchette.

Ce monde-là s'abîma dans la voie des plus ignobles plaisirs, dans la dépravation, l'érotomanie, et tous les bas instincts. Il s'épuisa dans la jouissance malsaine, la sensation forte, et tua la gaieté française belle et cordiale.

L'épicerie, le commerce, la politique, l'intrigue basse et son cortège d'horreurs, prirent le dessus et les *droits de l'homme* furent abandonnés pour étancher la *soif de l'or*.

Le doute social ayant fermenté dans les cerveaux, on ne pensa plus à la perfectibilité, à l'évolution, aux grandes choses, mais à ricaner de tout, de ce rire bébête des idiots et des ignorants, qui forment encore les derniers remparts de la bourgeoisie réactionnaire.

Les symboles représentatifs.

On prétend que les symboles représentent des idées déterminées, désignant un ensemble d'aspirations. Nous déclarons, nous, qu'ils produisent surtout des hallucinations, des déviations et inspirent le dégoût de la vérité documentaire. Ils ont donné naissance aux sous-entendus, à la blague, aux artifices des rhéteurs, aux manies fantasques de généraliser sans fixer des idées.

Prenons, par exemple, le symbole de la *République*.

Ce symbole est figuré par une *femme coiffée d'un bonnet phrygien, aux seins découverts, à l'allure martiale.*

Pourquoi une femme, même à l'allure martiale, et pourquoi cette coiffure?

La femme fut, depuis toujours, l'éternelle asservie; elle l'est encore.

Elle qui devait être la force éducatrice du genre humain, l'épouse, la mère, elle ne peut même pas prendre part aux manifestations économiques de la vie! L'homme est son tuteur légal et illégal. L'égoïsme du mâle, pour la satisfaction personnelle de ses désirs, consacra son asservissement. Elle ne peut représenter le symbole de la liberté politique que par dérision, et celui de l'affranchissement humain, par antithèse, puisqu'elle est la vassale de l'homme, dans l'état social actuel.

On ne peut sortir de cette logique.

Les religions de l'antiquité et les philosophies modernes eurent, et ont encore, le culte apparent de la femme, mais cette adoration est égoïste, puisqu'elle se base sur la jouissance physique et morale.

Considérée comme l'inférieure de l'homme, elle s'en venge en montrant son hypocrite supériorité, par des diplomaties câlines, des ruses mesquines ou les chantages de l'alcôve. Cette part est même large, mais elle n'est que la mouche du coche, et ses combinaisons, pour si habiles qu'elles soient, sont subordonnées à l'acceptation de l'homme, — législateur, magistrat, industriel ou artiste. Elle est donc loin d'être libre.

Et elle représente la liberté sociale.

Ce qui la complète en cette drôlerie, c'est le bonnet phrygien qu'elle porte sur la tête, bonnet pillé à la Phrygie, sorte de bonnet de laine, que portaient les anciens Phrygiens et qui n'a aucun rapport avec la liberté et l'affranchissement.

Il est vrai que lorsque les Romains envahirent la Gaule, ils nous imposèrent le bonnet phrygien comme insigne de... liberté.

Depuis, on s'est entiché du symbole de ce bonnet comme les croyants s'entichèrent de la Vierge, des anges ou de leurs dieux. Cela sans examen, sans raisons démontrables. Et le peuple y croit désormais, exactement comme un peau rouge croit à un fétiche, un fanatique à ses superstitions. On nous a appris à vénérer la République et à nous faire croire que le mot porte en lui-même une vertu magique.

Pour nous, le symbole de la République est une entité, aux traits immobiles, à l'œil atone, enveloppée de raides draperies, mais la statue n'agite jamais ses lèvres, ne soulève jamais sa poitrine. On la divinise pour ne pas la discuter, et pour mieux la reléguer sous l'encens et la poussière des vieux principes !

Le peuple peut faire graver sur tous les monuments les principes de sa souveraineté, il n'en possédera jamais que la formule, puisqu'il en aliène les attributs les plus essentiels en déléguant ses pouvoirs sous l'inertie d'une croyance absurde et aveugle.

∴

Res publica, la chose publique qu'elle désigne, varie selon les milieux et les circonstances.

Il s'ensuit qu'on ne peut logiquement établir des règles fixes et immuables pour ce qui est modifiable à l'infini.

La République des uns n'est pas celle des autres. Il en est, pour elle, ce qu'il en est pour les dieux des religions ; chacun la voit à sa manière, et chacun prétend être seul dans le vrai. Un symbole ne se discute pas ; on l'accepte ou on le rejette, mais sans discussion, sans examen, sans analyse. On est républicain comme on est royaliste, souvent sans savoir pourquoi.

C'est donc l'intérêt des partis qui commande, et la République — femme, cuvette, table ou bonnet de nuit — est une oligarchie anti-populaire, menée par les habiles politiciens consommés, lesquels adorent le peuple dans le sens que les chiens aiment les côtelettes. Elle ne diffère de la monarchie ou de l'empire que par l'étiquette menteuse qu'elle prend. C'est une démocratie couronnée.

Et le génie des penseurs reste enfoui sous la masse flottante des symboles, puisque changer les hommes n'est pas changer les principes, pas plus qu'idéaliser la République, c'est la faire prévaloir, au sein des mondes futurs.

En **1848**, on planta les *Arbres de la liberté*, — encore une beauté de l'ordre mystagogue — et, pendant ce grand exercice, on forçait les spectateurs ou les étrangers à se découvrir devant la... liberté, sous peine d'être passé à tabac.

— *O liberté que tu dois être belle*, disait la chanson. La Commune de 1871 fut proclamée avec un apparat grandiose. Ses petits-grands hommes voulaient singer les hommes de marbre de l'antiquité, en se composant une attitude de tribun. Assis, ils tenaient leur tête dans leurs mains, les deux coudes sur la table ; à la tribune, ils mettaient la main droite dans l'ouverture du devant de la redingote. C'était grotesque et amusant.

Les pseudo-révolutionnaires modernes enterrent encore les morts — même les nullités — avec une solennité qui frise la procession des catholiques et l'opéra des comédiens.

Il est clair qu'on va nous dire : « Que mettez-vous à la place des Symboles ? » Nous répondrons : « Mais absolument rien ; c'est un bandeau que nous voulons arracher des yeux sans nous préoccuper si la lumière qui s'ensuivra sera trop éclatante pour certains malades. Nous, nous la supporterons, et cela nous suffit. »

∴

Un artiste d'un grand talent, le sculpteur Dalou, a tenté de représenter le *Triomphe de la République* en un monument colossal qui fut commandé par l'État et pompeusement inauguré sur la Place de la Nation en 1900.

Le jour de cette inauguration fut une fête pour le peuple, qui toujours se laisse prendre aux mots ronflants et aux symboles plus ou moins creux. Il défila, en cette occurrence, avec un faste, une solennité, un déploiement d'emblèmes digne des meilleurs jours de la mascarade politique. Les hochets et les apparats eurent toujours pour lui une grande attraction.

En venant défiler devant le monument, le peuple travailleur affirmait platoniquement une fois de plus ses aspirations vers le principe de *Liberté*, *Égalité*, *Fraternité*, que la République devrait représenter, si elle n'était elle-même un vain mot, un symbole ridicule.

Certes, l'intention de l'artiste était excellente, mais, à notre avis, cela ne suffit pas. Il faut l'idée au fond de la forme.

Socialiste ardent, ancien fédéré de la Commune, pris les armes à la main et condamné par les conseils de guerre, le sculpteur Dalou était placé mieux que quiconque pour symboliser la *République*.

Il avait en outre un talent personnel que nul ne lui contestait, et son monument est un des meilleurs, sinon le meilleur, de tous ceux que nous possédons.

Mais s'il a été quelque chose pour la génération actuelle, décadente et bourgeoise, il ne peut satisfaire le souci du vrai et du beau de la génération qui monte, laquelle sera ouvertement contre les symboles.

Et puis, à quoi bon berner le peuple par des monuments puérils ? Nous comprenons le monument historique, représentant une page de la vie d'un peuple, une réalité, un document. Ceux-là sont nécessaires, utiles, moralisateurs, indispensables à l'éducation des intellectuels, mais les monuments symboliques qu'on voit sur les places et dans les squares démontrent notre abaissement et notre bêtise.

C'est à l'aide de ces monuments qu'on leurre les peuples et qu'on leur fait avaler de formidables vessies pour de mastodontales lanternes.

Les Romains de la décadence disaient: *du pain et des spectacles;* les bourgeois, eux, disent: *des symboles et de la politique.*

Avec les symboles, la vérité devient méconnaissable, noyée sous des flots d'exagérations, de conceptions baroques, de significations échevelées.

Donc, à ce titre, le monument de Dalou est ridicule. Comme philosophie, il ne représente rien, sinon le vide; comme art, c'est un mélange confus de toutes les écoles avec leurs faux luxes fusionnés en leurs symboles.

L'ornementation qui l'encadre est d'un irréalisme tordant. Rien ne se lie ou ne représente une idée définie. Le contraste entre l'ouvrier qui est sur le piédestal, un marteau à la main et les tapis, tentures, joyaux, du char, est assez réjouissant. C'est le comique dans le funambulesque.

Le char allégorique du Progrès, mené par deux lions, représentant la force, est orné de tentures à franges, de guirlandes traînantes, de feuillages d'acanthe contournées en chapiteaux corinthiens. C'est le bafouillage classique allié à la blaguologie démocratique.

Rien n'a manqué à ce déballage des vieilles idées, pas même le faisceau, souvenir de la puissance consulaire, autorité rigide et brutale.

La figure principale est une femme tenant un flambeau à la main, en équilibre sur une boule, laquelle représente le monde, figure comme en ont tous les marchands de chocolat sur leurs prospectus-réclame.

A part cela, c'est complet.

Gloires, Vanités, etc.

Il y a, dans *La Fontaine*, une fable qui sera toujours vraie et d'actualité : l'*Ane chargé de reliques*.

Combien de gens, dans leur sot orgueil, voient partout une admiration frénétique et ne s'aperçoivent pas que l'émulation dont ils sont l'objet est moins due à leurs mérites qu'à la grande naïveté de leurs admirateurs. Dans leurs insciences — car les plus petits esprits contiennent les plus énormes vanités — ils mettent en pratique le fameux : *Ne soyons pas modestes, on nous prendrait au mot.*

Leurs fantaisies de cire, qui fondent au soleil de la réalité, ne dénotent que des sentiments bas, excités par les passions viles des faveurs ou des distinctions. Il faut être bien aveugle, en effet, être affligé tout au moins d'une rude cataracte cérébrale, pour s'élancer ainsi jusqu'au soleil, alors qu'on sait ne pouvoir sortir de cette nuit obscure : l'impuissance.

La différence des idoles n'excuse nullement la platitude de l'adulation.

La politique moderne, surtout, semble avoir donné naissance à cette catégorie d'aberrés. Nous avions bien, jusqu'ici, les artistes qui ne comprenaient les grandes actions, la nature et le ciel bleu, que relativement à la récolte : argent ou honneurs. Nous avions aussi les esprits superficiels, ceux-là mêmes qui effleurent toutes les questions sans en approfondir aucune, mais la carnavalade politique a tout absorbé, tout amplifié. Chez elle, la franchise devient un danger et la générosité une duperie. Elle se complaît à être le charnier des consciences troublées et désagrégées; à ne servir que des personnalités tapageuses, s'agitant dans le vide, mais pleines de morgue et de néant. De morgue, peut-être, parce qu'elles portent en elles un relent de cadavre; de néant, parce que la politique est la lutte des fantômes dans les irréalités vaporeuses.

Effectivement, là s'enchevêtrent, et même se développent les turbulences les plus stériles, les rancunes les plus injustifiées, les ambitions déçues ou démesurées, les appétits ardents, toutes drôleries qui localisent les efforts pour imposer des régimes dont on ne veut plus, des principes dont on est las, des personnalités dont on est écœuré.

Qu'on nous montre dans les politiques de profession des gens guidés par le devoir ou le dévouement; qu'on nous cite des natures généreuses et intrépides jusqu'à la témérité, pour lesquelles obstacles et périls ne sont rien? Ils font tout par intérêt personnel ou par vanité : de l'argent ou des honneurs, car, dans le cas contraire, ils seraient de mauvais politiciens.

L'amour des grandeurs, prestige dominant, fait que les hommes sont entraînés à rechercher des hochets, des distinctions, au lieu de se livrer sans calculs à l'étude ou à la mise en action des choses pour lesquelles ils seraient doués. Ils ne se rendent pas compte, ces inclairvoyants, que ces sortes de joujoux sont souvent, sinon toujours, le fruit de la bassesse et de l'intrigue; par conséquent, indignes de ceux qui mériteraient une généreuse sympathie.

Ils ne veulent pas se persuader que le dévouement porte en lui-même sa satisfaction et se trouve, par là, au-dessus de la louange ou de la récompense. On ne paraît pas comprendre, d'autre part, que les gens du pouvoir ne donnent ces hochets qu'afin de s'assurer de la faiblesse du caractère de ceux à qui ils les décernent.

Dans un siècle où les distinctions futiles souillent et ternissent les plus belles actions, les plus valeureux sacrifices, il faudrait avoir la compétence des évaluations et procéder toujours par les plus bas calculs. Il n'y aurait qu'à oublier que les symboles, les emblèmes, sont les piédestaux du fanatisme et des charlatans.

La femme, elle-même, n'échappe pas à cet entraînement funeste; au contraire, elle y court, tête baissée. Elle qui fut la mère éducatrice du genre humain, la femme et l'épouse, qui a régné par sa patience et sa simplicité, fait aussi des cabrioles, des marques respectueuses à l'excès des choses grotesques, en un mot, des grimaces qui remplacent ses nobles sentiments. Elle ne cherche pas à se faire valoir par sa beauté, son plastique et son moral, mais par la richesse, les parures qui ne sont que des voluptés volages. Le dieu chiffon est son symbole. Elle sort de son rôle éducateur de femme pour se mettre volontairement au cou la chaîne de servitude. Elle cherche à paraître au lieu d'être. Elle aime le luxe et les brillants, non point pour orner sa beauté, mais pour les montrer et inférioriser les autres femmes.

C'est toujours la lutte des vanités.

Son rôle, cependant, devrait être plus haut et plus noble que cela. Par sa douceur, sa puissance d'affection, elle pouvait exercer sur l'esprit de l'homme une plus grande somme de félicité.

∴

Dans le *monde*, des gens ayant le cœur et l'esprit veules, mais l'échine souple, comptent parfois sur des effets de moustaches, ou sur la coupe de leurs habits, pour se faire une réputation et asseoir leur fortune. Ils trouvent cela tout naturel, ces geais parés de plumes de paon. Bien entendu, il serait de très mauvais goût de leur démontrer qu'avec quelques louis on pourra toujours vêtir quelques singes de leur espèce, tandis qu'il faudrait autre chose pour en faire véritablement des hommes. L'oppression des individualités, au lieu de redresser contre les dominations mondaines, fait qu'elle courbe les têtes plus facilement sous les influences perverses.

∴

La gloire est bien le symbole le plus horrifiant qui se conçoive. On la représente en un *coursier rebelle et capricieux qui renverse tous ceux qui veulent le monter.*

Pour nous, elle est une imposture, puisque tout descend dans l'oubli et que les noms mêmes ne sont point éternels. Le bandit Cartouche est aussi connu que le poète Victor Hugo, et un fou-furieux qui n'a fait qu'ordonner des massacres est plus glorifié que le savant qui dote l'humanité d'une œuvre utile. La preuve, c'est que peu de personnes savent le nom des auteurs des principales inventions, tandis que les noms de César, Napoléon, etc., sont dans toutes les bouches.

Comble de l'ironie, le laurier, symbole du couronnement de la gloire, est le feuillage dont se servent les charcutiers pour auréoler leurs produits... porcins. Les anciens affirment que cet arbuste procurait l'enthousiasme et l'esprit prophétiques.

On voit d'ici la logique et le.., magisme de ces mots : *cueillir des lauriers*, se *couvrir de lauriers*, être *couvert de lauriers!*

N'est-ce pas divertissant ?

Nous affirmons que la Gloire est une dérision, une forme basse de l'orgueil, qui cherche constamment à s'élever sans raison au-dessus de sa sphère. Elle a pour compagne dame *Espérance*, laquelle s'efface comme une fleur que l'*Avenir* doit faire éclore, épanouir, en se mariant à *Réalité*.

Mais on constate qu'une fois dévirginisée, dame *Réalité* donne naissance à Mlle *Déception*, qui est le seul logique des symboles.

La Gloire n'est donc qu'une vaine fumée, une illusion dangereuse et qui ne devrait pas être recherchée par les vivants, puisqu'on reconnaît qu'elle est le *Soleil des morts*. Paix à ses mânes.

A chaque buisson de la route de la vie, il y a des ronces ; à chaque angle d'un boudoir, à chaque épreuve du cœur, on laisse un lambeau de chimères dorées. Tout se transforme et disparaît, pour reparaître et redisparaître au gré des mouvements de la nature.

Nos actes, nos résultats sont incertains. Nous passons par la douleur, le sommeil, les appétits matériels ou moraux ; nos rêves s'évanouissent, les meilleurs souvenirs se taisent, les figures, les arts, les siècles s'effacent, en un mot tout est éphémère.

Mais cela n'est pas une raison pour broyer constamment du noir à la façon des pessimistes! Il ne faut pas mépriser le soleil de la vie et demander à l'existence plus qu'elle ne peut donner. Au contraire, et nous voulons aspirer la vie à pleins poumons, avec la plus grande sérénité dans une société organisée sur la solidarité humaine.

Puisque la vie est une énigme avec la mort au bout, nous voulons la rendre moins pénible à tous et instituer l'altruisme, afin de nous cacher mutuellement ses tristes côtés, en ne nous leurrant plus d'illusions.

Si l'amour met un peu de baume sur les noirceurs de l'existence, s'il peut nous cacher les horreurs de la réalité par trop brutale, dissiper les scènes de la vie ancestrale, il nous semble qu'à tout prendre l'amour sera toujours plus humain que la *béatitude*, la *prière*, l'*illusion*, ou les nombreux pessimismes entrelardés de sarcasmes et de doutes.

Voilà pourquoi nous disons que la gloire est un mensonge.

Nous sommes loin de vouloir chasser du ciel humain les couleurs roses et les fadeurs de l'espérance, mais si nous en comprenons l'usage, nous n'en admettrons jamais l'abus ; et c'est surtout la raison pour laquelle nous sommes contre les mysticités, les croyances et les symboles.

Trio symbolique.

I. — La Liberté

La liberté est un terme mensonger, qui n'a peut-être qu'un seul mérite : celui d'être inscrit en grosses lettres sur la façade des prisons.

Le peuple, la collectivité se laissent prendre à ce mot sonore, prometteur de jouissances morales, mais absolument faux. La masse oublie, prenant l'apparence pour la réalité, que pour être libre, il faut pouvoir ce que l'on veut, afin de ne pas trop ressembler à l'âne qui voudrait roucouler comme la fauvette.

Pour être logique, il faudrait qu'à l'acte de liberté sociale réponde la faculté ou la puissance d'agir, sans obstacles entravant l'action de l'individu conscient.

Ce régime harmonique est-il possible?

Les autoritaires basent leurs théories sur les unités collectives comprimées. Ils ne voient dans la masse qu'un instrument qui doit obéir, se plier à une règle uniforme, non des êtres libres, pensants et agissants.

Ils éprouvent le besoin de dominer les faibles et de s'incliner devant la volonté des forts, tandis que les libertaires protestent contre toutes les servitudes sociales, ne voulant pas limiter l'humanité à la patrie, la solidarité à la famille, l'altruisme à l'individu.

Ils respectent toutes les patries et tous les êtres humains quels qu'ils soient. Ils sont sociabilistes.

Le despotisme et toutes les formes de gouvernement,

même la forme démocratique, ont pour principe de borner la liberté individuelle, afin de museler la liberté collective.

L'homme n'est ni libre absolument ni responsable collectivement.

Il est sans action sur l'ensemble des phénomènes organiques qui lui créent une individualité spéciale. Il n'est que le reflet fatal des atavismes et le produit combiné des moralités ambiantes.

L'individu évolue avec l'ensemble des choses et ne peut pas plus s'en écarter que la locomotive ne pourrait s'écarter du rail sur lequel elle roule. Elle subit l'action des milieux, et cela, sans pouvoir se soustraire aux conséquences logiques qui en découlent.

Lorsque les passions se déchaînent, l'intelligence n'est pas libre, et l'homme, dans la société actuelle, est constamment entraîné vers le mal par ses penchants, les nécessités matérielles, ses instincts, ses intérêts et ses goûts.

Il ne peut pas plus refouler ses passions qu'amoindrir ses besoins, qui sont basés sur des impulsions organiques et des expiations physiques : la souffrance.

Le cerveau humain est douloureusement sillonné de lueurs étranges : abaissements moraux, espoir d'une jouissance, mortifications sociales, sourdes aspirations, crainte d'un châtiment personnel, etc., ce qui fait que les individus sont sacrifiés sans pitié aux exigences collectives.

La liberté actuelle, engendrée par la fausse éducation sociale que subit la masse, est attentatoire au respect de l'individu et à sa conscience ; elle n'est point génératrice d'élévation morale ou de grandeur, mais seulement un prétexte politique dominé par un vulgaire mensonge social.

II. — L'Égalité

L'égalité, en la société actuelle, est une dérision : les intérêts, les préjugés, les centres, les circonstances dominent les esprits ; les jalousies hargneuses, les envies, multiplient les haines.

Les mentalités engendrant les diversités les plus contradictoires, et l'harmonie solidarisant les intérêts collectifs, déterminent la différence des aptitudes et des efforts qui tendent à l'inégalité.

Les qualites personnelles, les dispositions spéciales, créent de constantes inégalités, et l'on peut dire que l'humanité est un composé de forces dissemblables. Il peut y avoir parfois identité, mais il n'y a jamais égalité absolue.

L'égalité est une force neutre qui, parfois, endort les énergies, parfois les pousse à l'émulation. En tous les cas, il n'y a ni égalité, ni conscience, devant la haine, la souffrance ou la mort.

Ceux qui gouvernent deviennent des privilégiés par le pouvoir qu'ils exercent. Ils sont enclins à la domination, et ne voient rien au-dessus de leur intérêt personnel. Il est parfaitement absurde de croire que les gouvernants peuvent travailler à rendre dignes ou capables de se gouverner eux-mêmes ceux qu'ils asservissent en les courbant sous leur pouvoir !

D'un autre côté, certains socialistes rêvent plutôt de détrôner les jouisseurs du pouvoir — pour s'y placer eux-mêmes — qu'à asseoir les bases du socialisme. Ce travers est l'ordinaire défaut des politiciens.

Au milieu de cette lutte dans le vide, s'enracinent dans nos mœurs veules, le parasitisme et la domination : « Soyez sans mouvement, nous agirons pour vous tous », dit le législateur à la foule crédule.

« Suspendez votre vie, nous vivrons pour vous tous », disent les riches, aux salariés qui les écoutent.

« Soyez sans idées et sans théories, nous penserons pour vous tous », disent les écrivains et les sociologues, qui se font les plats courtisans des gens du pouvoir. Ils pourraient ajouter : « Nous vous ferons manger de la logique à notre goût, pendant que vous manquerez du nécessaire à l'existence. »

Et le peuple souverain subit les persiflages odieux, les persistantes inégalités, se contentant des miettes du festin, lorsque les maîtres repus daignent condescendre à les lui laisser prendre en rampant.

Le peuple se contente d'avoir l'égalité dans la prohibition de ses droits, l'égalité dans les étouffements sociaux, l'égalité dans l'étranglement de ses libertés.

L'égalité est une chimère créée par les dominateurs pour avoir un thermomètre de la sottise humaine, le commun des rêves coalisés se perdant dans les impuissances sans bornes.

III. — La Fraternité

La fraternité est le plus horrible des mensonges dans une société soumise aux bas instincts et aux mesquineries honteuses.

En principe, la fraternité devrait être dans le perfectionnement des moyens sociaux. En fait, elle n'est qu'un moyen d'exploiter le peuple sans douleur, — comme les dentistes.

Les concurrences, les spéculations aigrissent les individus et en font des sauvages, abrités derrière leurs comptoirs, ne se préoccupant point sur la légitimité de leur négoce, basé sur le vol organisé.

A notre sens, il est moins immoral d'être tenté par le vol, quand on souffre de la faim, que de spéculer lâchement sur des pauvres hères dont on abuse de la crédulité ou de la situation pour se créer des rentes.

Un inventeur fait argent de son invention, s'il le peut, et c'est à peu près tout ce qu'il cherche, ne s'inquiétant nullement de rendre service à ses semblables.

Après fortune faite, cependant, il se prévaudra encore de son invention pour décrocher, pour sa « philanthropie », un siège électif ou un poste d' « honneur ».

Donc, voilà un inventeur qui a gardé soigneusement dans ses cartons son invention jusqu'au jour où il a pu spéculer utilement sur elle. S'il n'avait pas entrevu la fortune par elle, nous ne la connaîtrions peut-être pas; et c'est la cause que beaucoup d'inventions utiles se perdent pendant que d'autres, plus exploitables, font la fortune de leurs auteurs.

D'un autre côté, un riche industriel jouit d'une grande considération en utilisant l'invention d'un pauvre bougre, lequel meurt souvent de misère, après avoir fait la fortune de ses exploiteurs coalisés.

Dans les familles mêmes, les parents ne font pas instruire leurs enfants pour en faire des êtres utiles à la société, à la science, aux lettres ou aux arts, mais seulement pour les soustraire à la loi du travail et leur permettre plus facilement l'exploitation de l'homme par l'homme. On imprime ainsi à l'être humain une direction anormale et perverse.

En effet, dès la prime enfance on bourre le cerveau de l'enfant de renseignements commerciaux, en vue des gains matériels, mais nul ne lui inculque l'admiration du bien ; en un mot, on n'attise pas assez en lui la passion du savoir pour ne lui apprendre que le calcul d'exploiter.

De cette torpeur morale, on extrait le culte de la curée, de la possession, de la jouissance de ce dont les autres sont privés. On comprime l'épanouissement cardiaque de l'enfant par des intérêts sordides, vertus factices, qui consacrent les situations fausses.

Pour être fraternel, l'être humain devrait avoir un idéal large, généreux ; des attitudes simples et vraies, ne cherchant pas à dominer les autres, même s'il est un esprit supérieur. Le mérite personnel est souvent discutable et toujours relatif.

On ne devrait pas pouvoir être anti-fraternel, malgré

les discordances mentales, les sentiments égoïstes, le conflit des intérêts.

La fraternité est une pulsation sympathique, et elle ne peut réellement fleurir que dans une société où la sociabilité sera élevée à sa plus haute puissance.

Le cas contraire, elle est une formule trompeuse.

UNE ANECDOTE TYPIQUE

Il y eut, récemment, au musée du Louvre, un concours d'experts pour examiner si une importante œuvre d'art attribuée à un sculpteur célèbre était réellement de lui. On n'avait aucun indice sérieux à cet égard, et l'on voulait une certitude.

Il y avait là des architectes, des peintres, des sculpteurs, des critiques d'art et un grand nombre de « connaisseurs ».

On chercha vainement un nom, un signe, une initiale sur le socle ou dans les recoins. Rien, moins que rien. Dès lors, on essaya de savoir ce que l'œuvre représentait au juste, et c'est ici que la chose devient amusante.

— Il est évident, disait un vieillard à barbe blanche, que c'est le *symbole de la tristesse* ; on ne peut s'y tromper.

— Mais pas du tout, hurlait un autre vieillard à barbe blanche, pas du tout, c'est le *symbole de la foi.*

— Ou de *l'espérance*, souligna un Rapin.

— C'est la *statue de la Charité*, dit timidement un jeune architecte.

— Moi, j'affirme, dit un monsieur à monocle, de la

catégorie qualifiée de « connaisseurs », j'affirme que c'est le *symbole de la modestie*, et je maintiens mon dire.

Et les contradictions de se heurter.

Finalement on ne put rien fixer, tant les avis étaient contradictoires. La confusion était complète et nul ne voulait démordre.

On *renonça* à savoir.

Cela nous amène à conclure que, si les gens de l'art, du métier, et messieurs les qualifiés de *connaisseurs*, ne peuvent s'entendre sur la signification exacte d'un symbole, comment feront les profanes pour en saisir le sens, eux qui n'ont pas la satisfaction d'avoir une opinion personnelle à soutenir ou une réclame quelconque à se tailler?

Le *chaos* et l'*incompréhensibilité* ne sont-ils pas aussi des symboles ?

Certes, et des meilleurs.

Étienne Bellot.

A. MICHALON, Éditeur, 26, rue Monsieur-le-Prince, Paris

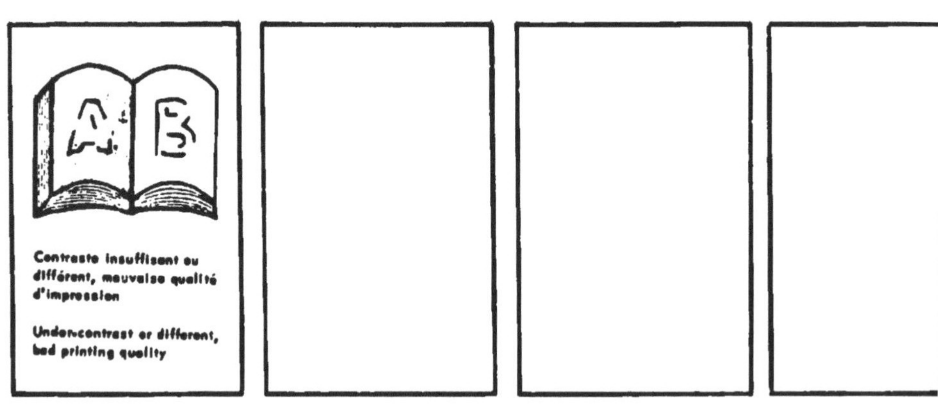

Contraste insuffisant ou différent, mauvaise qualité d'impression

Under-contrast or different, bad printing quality

www.ingramcontent.com/pod-product-compliance
Ingram Content Group UK Ltd.
Pitfield, Milton Keynes, MK11 3LW, UK
UKHW021646260726
13994UKWH00003B/1296

9 782329 055176